ATTENTION,
PLANTE CARNIVORE !

À Peggy

Traduit de l'anglais par Alice Seelow

ISBN : 978-2-87833-724-2
Imprimé en Chine
Dépôt légal : octobre 2014
Loi n° 49-956 du 16 juillet 1949
sur les publications destinées à la jeunesse

AUX COULEURS DU TEMPS

ATTENTION, PLANTE CARNIVORE !

H.A. REY

circonflexe

Il est difficile de croire que certaines
plantes puissent se nourrir de chair.
C'est pourtant la vérité.
Ces plantes attrapent et dévorent
de petits insectes tels que les mouches
et les fourmis.

On les appelle des PLANTES CARNIVORES.

L’une d’entre elles acquit un grand renom.
ÉLÉONORE, tel était son nom.

Éléonore sourit aux anges, les yeux au ciel…
Lorsqu'elle voit un moucheron voler devant elle.

Elle le capture et le savoure
Avec plaisir et amour.

Éléonore est aux anges,
Quand survient un personnage étrange.

Il s'agit du Docteur Évariste,
Scientifique et célèbre botaniste.

« Quelle plante extraordinaire !
Je vais l'emporter et l'étudier dans ma serre. »

« Aïe ! Elle m'a mordu ! » dit le docteur d'une voix de Stentor,
« Il s'agit donc là d'une plante carnivore ! »

À présent il tente un moyen plus prudent,
Et capture Éléonore très rapidement.

Triomphant, il quitte les lieux,
Avec au visage un sourire radieux.

Là, dans le laboratoire d'Évariste,
Va se dérouler une histoire pas du tout triste.

La plante, désormais, se comporte avec bonheur.
Elle boit l'eau que lui donne l'arrosoir du docteur.

Il lui offre même, en traitement de faveur,
Une saucisse dont elle semble apprécier la saveur.

Mais Scotty, vert de jalousie, se dit
Que la saucisse devrait lui revenir – À LUI !

Hélas, le vol ne paie pas !
Éléonore va lui gâcher son repas.

Un coup sec, une plainte, un cri,
Et la queue de Scotty est partie !

Munie de son balai arrive Marie l'employée
Pour nettoyer toute cette saleté.

Sans se méfier, elle tourne le dos :
Quelle occasion tentante pour un assaut !

À cause de ses méfaits, Éléonore doit être entourée
D'une solide barrière de fils barbelés.

Le docteur Évariste rapporte alors
Ces faits au Professeur Isidore.

Le professeur déclare : « J'en suis fort étonné :
Il me faut découvrir la vérité. »

La preuve lui en est bientôt donnée
Malgré la nouvelle barrière de fils barbelés.

« Nous sommes obligés d'enchaîner la fleur
À la niche, maintenant », déclare le docteur.

Ce cambrioleur ne réalise
Pas le risque de son entreprise…

Le lendemain matin, Évariste voit avec frayeur
Qu'Éléonore a avalé le malfaiteur.

« Quelle courageuse action !
Qu’on jette le voleur dans le fourgon ! »

Éléonore ne peut plus rester dans le jardin
Du docteur, aussi est-elle en chemin

Vers une nouvelle maison, le zoo voisin.
Et l'histoire dit qu'elle en devint

L’attraction la plus inouïe.
Entourée de ses enfants, elle y vécut ravie
Et célèbre jusqu’à aujourd’hui…

C’est ainsi que l’histoire finit.